★ 适合7至8岁 ★

彩色的梦

CAISE DE MENG

主编 李香菊

上海教育出版社
SHANGHAI EDUCATIONAL
PUBLISHING HOUSE

编 委 会

总主编 崔 峦

主　编 李香菊

编　委

刘 珂 马学军 刘冰冰 宋道晔 靳 会

丁立美 张 丽 李香菊

编写人员

张 丽 马晓荣 左秀丽 王欣欣 金晓瑞

刘浩庆 马学军 刘 欣 张胜强

名家寄语

广泛阅读，可以提高阅读理解力；

广泛阅读，可以丰富知识，开阔视野；

广泛阅读，可以提升思维力、鉴赏力；

广泛阅读，可以促进人的精神成长。

新编的读本，包括古诗文经典诵读、优秀作品专题阅读和整本书阅读，是落实课内外阅读一体化的优质资源。

捧起这套读本读起来，你会越来越享受阅读，你的一生一定会因为阅读而精彩！

崔峦

用阅读滋养你的心灵，
让你变得聪明善良，胸怀宽广，
更富想象力和创造力。

谈凤霞

发现美，学会爱，表达自己，
在阅读和写作中不断进步！

王一梅

致亲爱的小读者：

童年是一本打开的书，有多少秘密在等待你。不要问我：将来会怎样？我的梦想在哪里？世界很小又很大，每一本书都是一个小小阶梯。

徐鲁

为自己读书
为美好读书

肖复兴
庚子岁末

读经典的书
做优秀的人

[illegible]

阅读是一种智慧。

张之路

目录

经典诵读

专题阅读一

范文阅读

组文阅读

自由阅读

专题阅读二

范文阅读

组文阅读

自由阅读

专题阅读三

范文阅读

自由阅读

专题阅读四

范文阅读

自由阅读

整本书阅读

东风碧波细雨，桃花、杏花、海棠花，浸绿了春的身影，染红了春的脸颊。诗人用灵动的笔触，为这美好的春天写下了一首首唯美的古诗。

建议利用晨读时间诵读这些古诗，领略春之美好的同时，再诵读节选的《笠翁对韵》和《弟子规》的内容吧！

扫码收听朗诵音频

1 春远（节选）

[唐]杜甫

肃肃花絮晚，
菲菲红素轻。
日长唯鸟雀，
春远独柴荆。

扫码收听朗诵音频

2 春游曲

[唐] 王涯[1]

万树江边杏，
新开一夜风。
满园深浅色，
照在绿波中。

① 本诗作者一作王维，一作张仲素。

扫码收听朗诵音频

3 春　风

[唐]白居易

春风先发苑中梅，
樱杏桃梨次第开。
荠花榆荚深村里，
亦道春风为我来。

扫码收听朗诵音频

4 春寒

[宋]陈与义

二月巴陵日日风，

春寒未了怯(qiè)园公。

海棠不惜胭脂色，

独立蒙蒙细雨中。

扫码收听朗诵音频

5 笠翁对韵（节选）

[清] 李渔

烹早韭，
剪春芹。
暮雨对朝云。
竹间斜白接，
花下醉红裙。

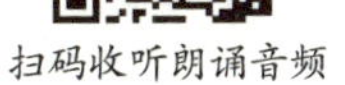

6 弟子规（节选）

[清] 李毓秀

朝起早，夜眠迟，

老易至，惜此时。

晨必盥（guàn），兼漱（shù）口，

便溺回，辄（zhé）净手。

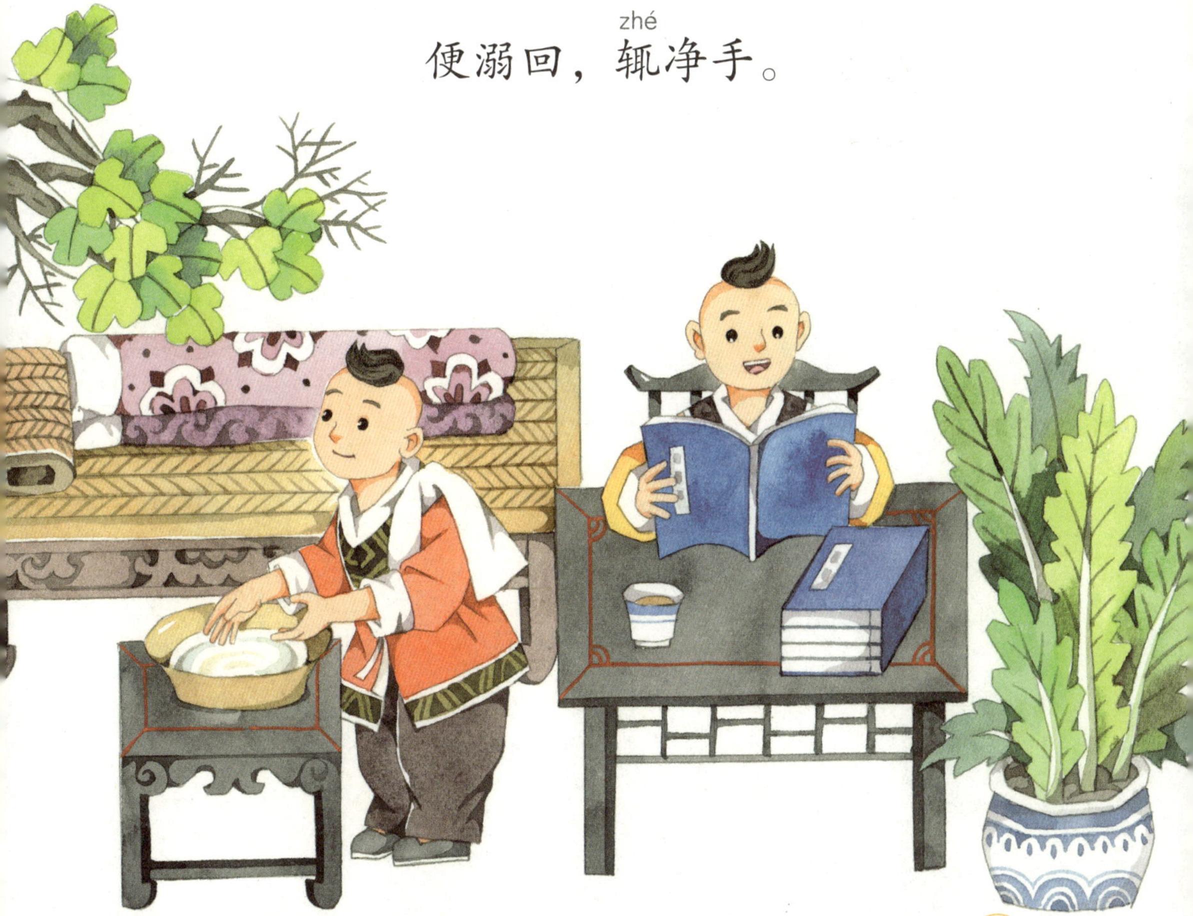

春天在哪里

东风吹，吹绿了枝条，吹醒了小溪，吹开了花朵……春天来啦，春天来啦！春天在哪里呢？让我们跟着春风的脚步去找一找春天吧！

我们一起读一读这组文章，触摸春天的同时，注意语气和重音。

1 春日偶成

[宋] 程颢

云淡风轻近午天，
傍花随柳过前川。
时人不识余心乐，
将谓偷闲学少年。

2 春天在哪里

望安

春天在哪里？
春天在哪里？
春天在那青翠的山林里。
这里有红花，
这里有绿草，
还有那会唱歌的小黄鹂。
嘀哩嘀哩，
嘀哩嘀哩……

春天在哪里？
春天在哪里？
春天在那湖水的倒影里。
映出红的花，
映出绿的草，
还有那会唱歌的小黄鹂。
嘀哩嘀哩，
嘀哩嘀哩……

春天在哪里？
春天在哪里？
春天在那小朋友的眼睛里。
看见红的花，
看见绿的草，
还有那会唱歌的小黄鹂。
嘀哩嘀哩，
嘀哩嘀哩……

③ 春风（节选）

[清] 袁枚

春风如贵客，
一到便繁华。
来扫千山雪，
归留万国花。

我能想象出“归留万国花”的景象。

4 春天很大又很小

王宜振

春天到底有多小？
问问小花朵，也许会知道。
花朵说：“它常站在我的花瓣(bàn)上跳舞，
跳完舞，又钻进小小的花苞里睡觉。”

春天到底有多小？
问问小燕子，也许会知道。

燕子说：“我衔(xián)着它从南方飞到北方，
它嘛，同一粒小豌(wān)豆差不了多少。”

春天到底有多大？
问问那棵树，也许会知道。
大树说：“春天是一只大鸟，
一棵树只是它的一根羽毛。”

春天到底有多大？
问问小朋友，也许会知道。
小朋友说：“我们都被春天含在嘴里，
远山和草地也陷(xiàn)进春天的怀抱。”

春天到底是大是小？
大伙儿碰在一起就争争吵吵。
说它大说它小都有一定道理，
老师说：“这样的问题想想就会知道。”

5 春风带我去散步

金　波

今天，窗外的风铃摇得格外好听。

春天来了！

我听见春风在窗外呼唤我：“走啊，我带你去散步！”

我脱掉了厚重的棉衣、棉帽，我连手套也脱掉了。

我虽然看不见春风，但我感觉到了她拉着我的手，我们去散步。

我望着脚下的草地，小草还没有

变绿。

我们走到山脚下，我发现了一丛丛淡紫色的二月兰。春风告诉我：“这是迎接春天的花。”

我们走进树林。啊，那一棵棵高大笔直的白桦(huà)树，睁着大大的眼睛。这春天的眼睛格外明亮。

读好画线的句子，并借助加点的词语，照样子说句子。

我仰望那高高的树梢，喜鹊正在筑(zhù)巢。它要在春天里，第一个做妈妈。

春风带着我，这里走走，那里看看。

忽然，春风松开了我的手，她向着那些放风筝的孩子跑去。

我看见无数的风筝，飞向晴朗的蓝天……

6 春天真美好

程显华

度过了一个寒冷而漫长的冬天，小熊从冬眠中醒来了。他伸了个大大的懒腰，想起了冬眠前最后一个晚上，小兔、花栗鼠、小狸猫、小灰狐纷纷来到家里向自己道别。

小兔说："亲爱的小熊，我会想念你的。我知道你最喜欢吃蜂蜜了，所以在你冬眠的日子里，我一定要向鹿奶奶学几手烹饪(pēng rèn)的绝活，做出最最美味的蜂蜜菊花糕、榛子蜂蜜咖啡豆、香芋蜂蜜奶茶、蜂蜜枸杞芒果饼……这样，等你从冬眠中醒来，就可以尝到我的手艺，欢欢喜喜地饱餐一顿了。"

花栗鼠说："亲爱的小熊，我会想念你的。我要每天画一张小熊的画像。有开心的小熊、发闷的小熊、自信的小熊、爱做鬼脸的小熊、流口水的小熊、翻跟斗的小熊……这样，在你冬眠的时候，我就不会忘记你的样子。”

小狸猫说：“亲爱的小熊，我会想念你的。我要每天练习拉小提琴。我知道你最最喜欢的曲子是《洋娃娃和小熊跳舞》。等你从冬眠中醒来，就可以找洋娃娃做舞伴，我来为你们伴奏。想一想，这是多么美妙的事情啊！”

小灰狐说：“亲爱的小熊，我也会想念你的。我要每天折一只漂亮的纸鹤，在上面写上祝福的话，挂在你家门前的树枝上。这样，等你从冬眠中醒来，一定会获得更多的快乐。”

想着，想着……小熊一下子咧开了嘴巴，他轻轻地推门一瞧。哟！阳光金灿灿地照在身上，风儿暖暖地吹在脸上，舒服极了！再瞧，门前院子里的桃树长出了绿绿的叶子，枝头上开满了粉红色的桃花，到处是香香的味道。

数不清的树枝上用丝线挂着五颜六色的纸鹤，每只纸鹤在微风的吹拂下轻轻地舞蹈……

“哈哈！春天真美好！”小熊拍着手开心地大笑起来。似乎有些等不及了，他把两根手指放在嘴边，使劲儿地吹起了响亮的口哨。这是他和伙伴之间的联络暗号。一想到不久就能见到可爱的小兔、漂亮的花栗鼠、聪明的小狸猫、能干的小灰狐，小熊的心里暖融融的，比吃了蜜糖还甜呢！

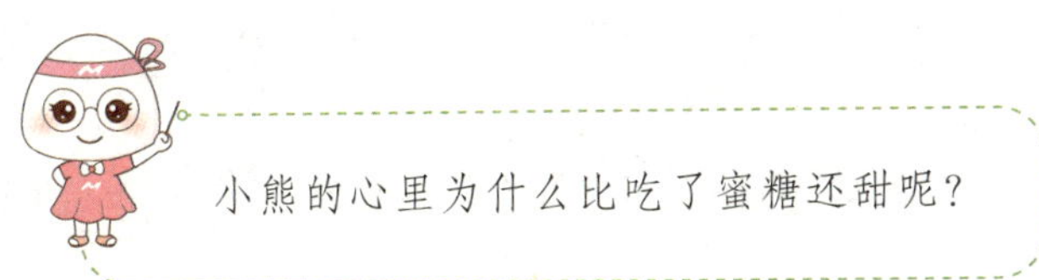

7 植树的季节

刘湛秋

春天是植树的季节。

一场一场的春雨，把泥土浇得湿漉(lù)漉的；太阳轻轻地照着，热气从土地里冒出来，仿佛整个土地，开始了春天的呼吸。

我们扛着一捆(kǔn)捆的树苗，把它们栽到山上、路旁，还有花园里。我们栽下小树苗，浇水培土，让它们整齐地排着队，欢迎急忙跑来的春天。风吹着我们的红领巾，像小小的树开放了一朵朵花。

> 我能借助插图和文中表示动作的词语，讲一讲“我们”植树的情景。

我们喜欢植树，因为我们喜欢勤劳。我们知道，再过十年、二十年，小树就能撑起

高大的伞，路旁的人就能纳凉，荒山就能变成青葱翠绿，就能见到满坡的红艳艳的、黄澄澄的果子。我们知道，我们现在采果子、采伐木材用的树，都是爷爷和爸爸种的。

所以，一听到春雨的声音，我们就想起植树；所以，春天总是我们植树的季节。

8 松鼠和松果

林颂英

松鼠聪明活泼，学会了摘松果吃。它高高兴兴地走进大森林，摘了一个又一个。每个松果都那么香，那么可口。

忽然，松鼠眨（zhǎ）眨眼睛，想到了一个问题：如果光摘松果，不栽松树，总有一天，就一棵松树也没有了！

如果没有了松树，没有了森林，以后到处光秃秃的，小松鼠、小小松鼠、小小小松鼠……它们吃什么呢？到哪儿去住呢？

对！松鼠有了好主意：每次摘松果，吃一个，就在土里埋下一个。

春天，几场蒙蒙细雨过后，在松鼠埋松果的地方，长出了一棵棵挺拔(bá)的小松树。

将来，这里会是一片更茂密的松树林。

下面围绕“春天”的故事，为同学们选编了三篇文章：《花瓣儿鱼》《开在信箱里的野花》《和花朵说悄悄话》。这些文章从不同角度介绍了春天美好的事物：有在溪水中嬉戏的漂亮的花瓣儿鱼，有开在信箱里的五彩的鲜花，还有乘着微风洒遍每个角落的花儿……让我们伴着这浓浓的花香，一起积累词句，讲述春天的故事吧！

1 花瓣儿鱼

金　波

春天来了，桃花开了，杏花开了，梨花开了。

一阵微风吹来，吹落了桃花，吹落了杏花，吹落了梨花。它们乘着风儿飞呀飞呀，飞向一条清清亮亮的小溪。

花瓣儿刚一沾到水面，扑棱，扑棱，就变成了一条条桃花儿鱼、杏花儿鱼、梨花儿鱼。

从此以后，这条小溪里，又多了好多好多花瓣儿鱼。

花瓣儿鱼比小溪里的鱼还漂亮，有的深红，有的粉红，有的雪白。

自从小溪里有了花瓣儿鱼，小溪就变成一条彩色的小溪了。

花瓣儿鱼不但颜色美，还有香味儿。

自从小溪里有了花瓣儿鱼，小溪就变成一条香喷喷的小溪了。

很多人都知道小溪里有了花瓣儿鱼，就

带着渔网和钓鱼竿来捕鱼了。

可是，他们站在小溪边，看着花瓣儿鱼游来游去，好像水中游动的花朵；闻着溪水里飘散的花香，谁也舍不得捕捉它们了。

经过了夏天、秋天、冬天，花瓣儿鱼在小溪里交了很多好朋友，生活得很愉快。

春天又来了，花草树木又发芽了。大地绿了，飘散着一阵阵香味。

花瓣儿鱼很想念它们的树。是啊，离开那些桃树、杏树、梨树都快一年了。

在一个下着小雨的早晨，花瓣儿鱼游出了水面，蹦蹦跳跳地上了岸，又乘着阵阵春风飞回到树上。

回到树上，它们又变成了桃花、杏花、梨花。

桃花开了，杏花开了，梨花开了。

人们都说，今年的桃花、杏花、梨花开得真早、真香、真美啊！

2 开在信箱里的野花

[俄罗斯]卡拉绍娃

娜塔莎是个很小的姑娘。她每天到大门口去取报纸和信，都会碰到邮递员阿姨。阿姨挎着的邮袋总是沉甸甸的，常常一脸是汗。娜塔莎问："阿姨，我来帮你背，好吗？"

"我这邮袋太沉了呀，小姑娘，你能帮得了吗？"邮递员阿姨说。

"阿姨，我跟着你，我帮你一起送，你送一份到这户人家，我送一份到那户人家，这样，就会快得多了。"

"你会累着的。"

"不会的。"

于是，她们俩一块儿去送信和报。不到半个小时，整条街各家各户的邮箱里都插上了邮件。

“真好，你帮了我大忙，谢谢你。”邮递员阿姨说。

从这天起，这条街上的人们都管小娜塔莎叫“小邮递员”。小姑娘很喜欢大家这样叫她。

有一位年纪很大的退休女教师，住在一条偏僻(pì)的小弄里，每次送邮件都是她家最远。女教师每天都微笑着打开信箱，正是这个娜塔莎，每天都给她送去快乐和希望。

但是，到了星期天，女教师什么邮件也没有。

“阿姨，咱们今天能给教师送点儿什么去呢？”

“她订的那份报纸星期天是没有的。今天也没有她的杂志和信件。所以，什么也不用送了。”

娜塔莎一听说今天什么也不能给女教师送去，心里比自己收不到邮件还要不好受。

她想象着女教师打开信箱时的情景，就扭身向大街跑去。

小娜塔莎一直跑到郊外。田野里正开放着各种野花。她采了红花，又采黄花，还采了一些蓝颜色的花。

这天，女教师发现自己的信箱里没有信，也没有报纸，却插着一束鲜艳的野花。她不由得微微笑了。她小心地将野花取下，轻轻wēi偎贴在自己的脸上，心里充满了温暖。

（韦苇　译）

3 和花朵说悄悄话

吴　然

万花溪绕着我们的村子，流着，流着。它是点苍山的一条溪流。

它的溪水里，永远漂载着好看的花瓣。溪水是香的，甜的，冰凉的。

当点苍山的冰雪刚开始融化，它的溪畔已经开满了鲜花。

这时候，我喜欢提着小花篮来到溪畔。闻闻这朵花，闻闻那朵花，我和花朵们说悄悄话——

你好，山茶花！你说，你的小脸是在那个下霜的夜里冻红的吗？还是因为你早起迎接太阳，朝霞亲了亲你，你害羞了？山茶花，别只顾着笑，你倒是把你的秘密告诉我呀！

你好，马缨花！

你好，含笑花！

哟，杜鹃花、叶上花、金银花、龙胆花、刺苞花、太阳花、地丁花、猫脸花、蝴蝶花……你们都好呀，万花溪畔的花朵们！

你们有什么喜事？你们为什么这么喜气洋洋？哦，你们已经寄出了芬芳的彩色邀请信。你们的客人——蜜蜂和蝴蝶就要来了。难怪你们这么忙！难怪你们这么喜气洋洋！

告诉我，万花溪的花朵们，你们为什么有

这么多的色彩？蓝色、红色、黄色、白色、紫色……你们打扮了万花溪，你们给我们的村子镶了一道花边。看你们笑得前仰后合，你们的家族多么快乐。你们喜欢多种多样的色彩，你们喜欢开出多种多样的花朵。

哟，万花溪的花朵们，告诉我，你们是大地妈妈的儿女吗？就像我们小娃娃，是妈妈的儿女、妈妈的花那样。我想，你们一定是大地妈妈的儿女。只有大地妈妈才有这么多、这么美丽的儿女呀！

阅读实践

活动一

读了这组文章，你是不是又积累了很多词语呢？请写下来吧！看看你能收获几片花瓣。

活动二

春天来了，花儿开了，文中有很多描写春天美景的句子，请从文章中找出这样的句子，写到云朵中吧！

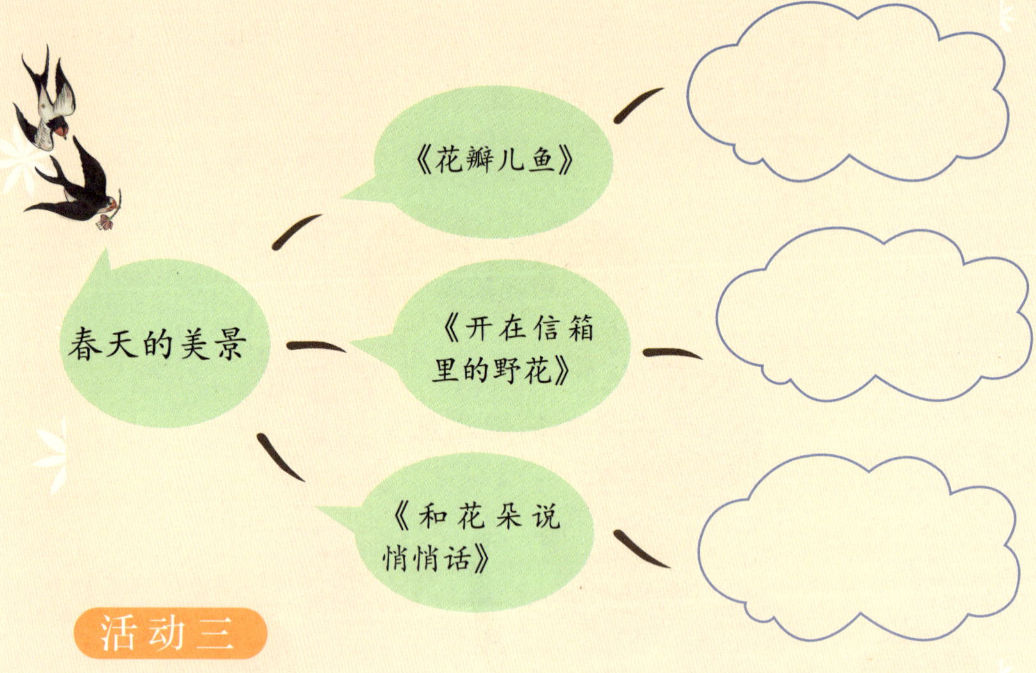

活动三

你是否也有发生在春天的、与花儿有关的故事呢？请你借助积累的词语和句子讲一讲吧！

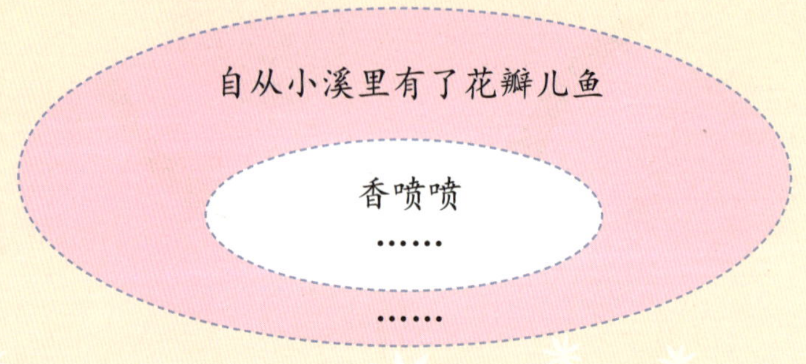

1 春天

常福生

春天是一本
彩色的书——
黄的迎春花，
红的桃花，
绿的柳叶，
白的梨花……

春天是一本
会唱的书——

春雷轰隆隆，
春雨滴滴答，
燕子叽叽叽，
青蛙呱呱呱……

春天是一本——
会笑的书
小池塘笑了，
酒窝圆又大；
小朋友笑了，
咧开小嘴巴……

2 为春天做巢

关登瀛

为春天做巢，

为春天做巢。

大地铺青草做巢，

果树开花做巢，

杨柳伸出绿手做巢，

村里盖新房做巢。

树林里

有鸟儿的歌，

把春天打扮得特别热闹。

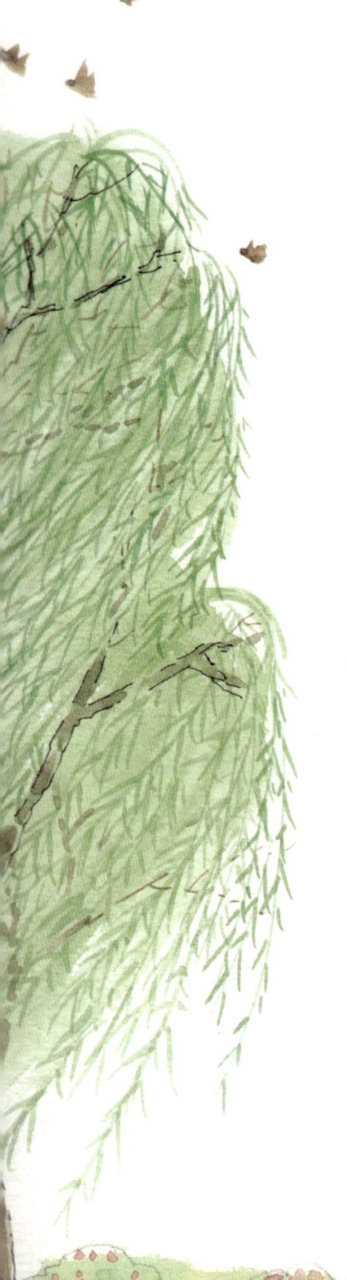

蓝天里
有雁的赞叹
和展翅的鹰的飞绕。
都有自己的巢，
都为有巢而歌而笑。
分不清
哪是花，哪是草，
哪是虫，哪是鸟，
没有家的小伙伴，
这里为你准备好。

3 绿草地（节选）

顾城

绿草地，绿草地，
一朵小花开放了，
没有芳香，没有蜜。

绿草地，绿草地，
一只小蜂飞来了，
又不高兴，又不急。

小蜂绕着小花飞，
飞来又飞去，
飞高又飞低。

终于小蜂飞走了，
因为有问题，
因为有秘密。

我们一起到绿草地上找春天吧！

他要去写诗，
他要去作曲，
他要穿一件新上衣。

他要再来绿草地，
轻轻落在小花上，
轻轻说，我爱你。

爱的奉献

爱是为禾苗解渴的溪流，是寒冬里的那双温暖他人的手套，是人人为人人的付出，是爸爸妈妈、爷爷奶奶对孩子润物无声的教育……

让我们读一读这组文章，边读句子边想象画面，感受那浓浓的爱吧！

1 小溪流

王 森

小溪流，叮叮咚，
流到西呀流到东。
它给苗儿解解渴，
苗儿唰唰挺起胸。
它给花儿浇浇水，
花儿微微露笑容。
一路欢跳一路唱，
我们也爱学雷锋。

我能借助加点词语，边读诗句边想象画面。

2 谁来过

戚万凯

冰雪化了，
春风来过。

小草绿了，
春雨来过。

桃花开了，
阳光来过。

好事多多，
雷锋来过。

你的身边有哪些好人好事？

3 人人为人人

[波兰] 杜维姆

石匠盖房子，
裁(cái)缝做衣服。
但是裁缝要是没有屋，
露天他可怎么干活。

要是没有巧手缝衣服，
缝出裤子缝围腰，
石匠光着膀子干活，
他可怎么受得了！

烤面包的师傅，
穿鞋子得拜托鞋匠。
鞋匠不吃面包，
哪能缝得这么欢？

这道理一说就明白：
我们干的样样都不可少。
那么让咱们就好好干吧，
诚实、互助又勤劳！

（韦苇　译）

4 我的一份呢

张秋生

小野猪胖胖跟着妈妈到犀(xī)牛奶奶家做客。

犀牛奶奶请他们用餐。

她用大大的陶瓷盘子给野猪妈妈盛了一盘鲜美的汤，还送上两块大大的蛋糕。她又用小小的玻璃盘子给小野猪胖胖盛了一盘鲜美的汤，还送上两块特别美丽的小蛋糕。

犀牛奶奶说：“小胖胖，这是你的一份，不够还可以添(tiān)呢！”

小野猪胖胖礼貌地说了声：“谢谢！”

用完餐，犀牛奶奶收拾屋子，野猪妈妈帮着洗碗、洗盘子。

小野猪胖胖拉着犀牛奶奶的衣服说：“犀牛奶奶，我的一份呢？”

“你的一份不是已经吃完了吗？”犀牛奶奶奇怪地问。

“不，您分给我的一份汤和蛋糕，我吃了，味道真好！”小野猪胖胖咂(zā)咂嘴说，“可是，劳动也该分给我一份啊！”

犀牛奶奶笑了。她用围裙擦擦手，找来一把扫帚给小野猪胖胖，并亲了他一下，说：“孩子，这是你的一份。”

小野猪胖胖接过扫帚，礼貌地说了一声：“谢谢！”

5 燕子妈妈笑了

方宗智

菜园里，冬瓜躺在地上，茄子挂在枝上。

屋檐(yán)下，燕子妈妈问小燕子："你能不能飞到菜园去，看看冬瓜和茄子有什么不一样？"

小燕子飞去了，回来说："妈妈，妈妈，冬瓜是大的，茄子是小的！"

燕子妈妈说："不错。可是，你能不能再去看看，还有什么不一样？"

小燕子又飞去了，回来说："妈妈，妈妈，

冬瓜是青的，茄子是紫的！”

燕子妈妈点点头：“很好。可是，你能不能再去认真地看看，它们还有什么不一样？”

小燕子再一次飞去了，回来后欢叫着：“妈妈，妈妈，我发现冬瓜的皮上有细毛，茄子的柄(bǐng)上有小刺呢！”

读了小燕子的话，我能想象出冬瓜和茄子的样子。

燕子妈妈高兴地笑了：“孩子，学习就应该这样——一次比一次有进步！”

6 兔子小雪

熊玄武

兔子小雪，雪白的腿，雪白的头，全身的毛都是雪白的，爷爷叫它小雪。

可是，这是早上的小雪，到了晚上……

“咚咚……”

“爷爷开门，小雪回来啦！”傍晚，小雪回家了。

爷爷打开门，看了又看，问：“刚才听见我家小雪喊开门，怎么是你？你是谁家宝宝？”

“爷爷，我就是小雪。”

“不对，我家小雪浑身都是雪白雪白的，可你……你走错门啦。”爷爷说完，假装不认识小雪，然后砰的一声，把门关上了。

“咚咚……”

“爷爷，你看这里。”小雪靠着门抬起腿，扒开脚趾缝给爷爷看。爷爷戴上老花镜，一下子就看到了小雪出门前自己画的防水蓝色标记线，却还上瞧瞧下看看，最后依然耷拉着耳朵。

“爷爷，这里！”小雪提起耳朵，凑到爷爷眼皮下。爷爷一眼就看到了耳朵上的小桃心豁口，却还是故意看了很久，最后皱了皱眉头。

“这里，这里呢？”小雪转过身，翘起屁股，提起小尾巴。

“看到了，看到了。”爷爷指着小雪屁股上的青色胎(tāi)记，假装很高兴地点了点头。

“小雪怎么还没回家？爷爷你叫小雪回家吃饭吧。”兔奶奶朝门外看了看说。

“回了，回了！”小雪说。可是奶奶没听见，因为她说完就进厨房了。

“一会儿就去叫。”爷爷朝小雪挤了挤眼睛说，“快，我抱你进屋洗澡去，别让奶奶发现了。”

白白的肥皂泡泡沾在小雪黑黑的身体上，一块黑一块白，像只小奶牛！

小雪用手抹着泡泡。“这会儿像个花蘑菇啦！”爷爷说。

小雪用手挠(náo)着肚皮，肚皮一道白一道黑。“这下成了斑(bān)马了，哈哈。”小雪自己说。

洗完澡，爷爷用浴巾给小雪细细地擦水。

“咦？这里红了一块，这里紫了，这里

青了……你去了染坊吗？”爷爷皱着眉头问。

“红的是和小灰灰躲猫猫，剐(guǎ)到围栏流血了；紫的是和淘淘比赛，撞到树干；这个青的……我想不出来……”小雪一边低头说，一边用眼睛偷偷地看爷爷。

“撞到石头？”

“呵呵，爷爷你是怎么知道的？”

爷爷看着满身是伤的小雪，又是心疼，又是生气，最后无奈地摇了摇头，转身走了。

爷爷生气了，小雪想。

“哎哟，腿痛死了。”爷爷突然叫道。

“爷爷，我来扶你！”

“小雪，有你在，爷爷就是老了，就是受伤了，也不会怕。”爷爷开心地说。

“有我，你什么都不用怕！”

“可是，要是你的腿也受伤了，那就……”爷爷没有继续说下去。

“要是我的腿也受伤了，就帮不了爷爷，那……那我以后小心点儿，不让我的腿受伤。”

“你怎么小心呀？你捉迷藏喜欢往小洞里钻，玩滑板喜欢快……”

“爷爷，钻洞前我先看看、摸摸，安全了才钻，毛毛就是这样的。玩滑板，转弯慢点儿，停下来也慢点儿，聪聪就是这样，他玩滑板就不摔跤（jiāo）。”

“嗯，小雪真聪明，知道爱护自己。”

“是呀，爷爷有我呢，我先保护好我自己，再保护你！”

“只要人人都献出一点爱，世界将变成美好的人间。”下面围绕“关爱”为同学们选编了《最后一片银杏树叶》《两只棉手套》《不一样的冬天》三篇文章。让我们边阅读文章边想象画面，感受爱与温暖，同时学习理解词语的方法。

1 最后一片银杏树叶

王宜振

在山村的一所小学校里，长着一棵古老的银杏树。银杏树究竟有多大年纪，没人能说清。平日里，孩子们围着他嬉戏玩耍(shuǎ)，都亲切地称他为“银杏树爷爷”。

一天，银杏树说话了：“孩子，我的每一片叶子都能帮你实现一个愿望。只要你说出来，就能心想事成。”

“我要一台小收音机！让同学们天天都

能听到新闻。”东东的话音刚落，果然，有一片树叶飘下来，变成一台崭新的袖珍收音机，落在东东的手掌上。东东高兴得又蹦又跳。

他跑回教室，把这件事告诉了小伙伴们。大家纷纷来到银杏树下，向银杏树说出自己的心愿：有的为班级要图书，有的为学校要篮球，有的为王爷爷要拐杖，还有的为李奶奶要一副老花镜……凡是孩子们想要的，银

杏树都一一满足。

路路来到银杏树下，眼里含着泪水，用颤抖的声音请求说："银杏树爷爷！我要一枚神奇的药丸，请您满足我的愿望吧！"果然，最后一片银杏树叶飘下来，变成一枚药丸，落在他的手掌上。路路捧着那枚药丸，飞快地向病中的马老师家跑去……马老师吃了路

璐送来的药丸，苍白的脸上泛出红晕，他拉着璐璐的手激动地说：“谢谢你，也谢谢银杏树爷爷！”

银杏树飘下最后一片叶子，很快就干枯了。孩子们听说银杏树死了，纷纷抱住了银杏树，哭呀，哭呀……泪水一滴滴渗(shèn)进了银杏树的根里。

有了泪水的滋(zī)润，银杏树奇迹般地复苏了，又抽出了一片片嫩绿的叶子。他依旧要满足孩子们的心愿，可是孩子们再也不忍心向他提什么请求了。

2 两只棉手套

金 波

冬天的西北风刮个没完，刮到脸上，就像用小刀一下一下割(gē)着，真疼啊！

松鼠妈妈要生小娃娃了，可是她还没找到一个避(bì)风的地方。

松鼠爸爸很着急，他在树枝上蹦来蹦去，想找一个暖和的树洞。

找呀找呀，他找到了一个很大很圆的树洞。他刚往里一探头，就听到一声粗嗓(sǎng)门："对不起，我已经住上了。"

松鼠爸爸一听，就知道是大黑熊。他赶忙走开了。

找呀找呀，他又找到了一个很小很圆的树洞。他刚往里一探头，就听到一声尖嗓门：

“对不起，我已经住上了。”

松鼠爸爸一听，就知道是小刺猬。他赶忙走开了。

风越刮越大了，还夹带着雪花。

松鼠妈妈蜷(quán)缩着身子，抱着圆鼓鼓的肚子，蹲在树枝上，愁得直想哭。

松鼠爸爸叹了一口气，跳下大树，又为松鼠妈妈寻找生娃娃的地方去了。

他走在雪地上，这里看看，那里找找，连个草窝都找不到。他的脚都冻麻了，也不在意。他只想快点给松鼠妈妈找个窝，好平平安安地生下小娃娃呀！

走着走着，他忽然踩着一个软绵绵的东西。他摇摇大尾巴，把覆(fù)盖在上面的雪扫一扫，啊，露出了一只棉手套！他知道，这一定是哪个小朋友不小心丢在这里的。

他可顾不了那么多了，赶忙让松鼠妈妈钻进去。不久，她就生下了五只小松鼠。

五只小松鼠一生下来就淘气极了，这里钻钻，那里拱(gǒng)拱。最后，五只小松鼠钻进了棉手套的五个指头，正好每只住一间小房子。

小松鼠们呼呼地睡大觉了。松鼠妈妈睡

在娃娃们的身边，守护着他们。

松鼠爸爸也想钻进棉手套暖和暖和，可是里面太挤了，他只好又出来，卧在手套外面，用自己蓬(péng)松的大尾巴盖在身上取暖。

风，越刮越猛；雪，越下越紧。五只小松鼠依偎着妈妈还喊冷。松鼠爸爸就用自己的大尾巴堵(dǔ)在棉手套的口上，为他们挡风雪。

他迎着风雪卧在棉手套的外面，冻得发僵(jiāng)了，也不肯离开一步。

忽然，松鼠爸爸听见远处传来“吱嘎(gā)吱嘎”的脚步声。脚步声越来越近，他看见两只踏雪鞋停在面前。他仰起头一看，见一个男孩站在了跟前，他一只手戴着棉手套，另一只手光着。松鼠爸爸一看就明白了，就是这个男孩丢了他的棉手套。

真的，他是来取回他的棉手套的。

他蹲下身来，刚要伸手去拿，松鼠爸爸

说：“谢谢你的棉手套。”

男孩却说：“我该谢谢你呀，是你替我看管着手套啊！”

“不，”松鼠爸爸说，“我该谢谢你。你看，我的五只小松鼠和他们的妈妈正躲在你的棉手套里呢！要不，他们真会冻死的。”

“你怎么不进去呢？”小男孩问。

“里面太挤了。我在外面给他们挡风雪。”松鼠爸爸很自豪地说。

这时候，小男孩发现松鼠爸爸全身盖满了雪花。

他毫(háo)不犹豫地脱下另一只棉手套，轻轻地放在地上，然后转过身去，不声不响地走了。

松鼠妈妈和她的五只小松鼠探出头来想谢谢他，只见他已踩着厚厚的大雪，“吱嘎吱嘎”地走远了。

松鼠爸爸说：“好好保存这两只棉手套，

明年春天天暖了，我们一定要送还给他。”

五只小松鼠望着男孩远去的背影一齐喊着：“我们长大了，跟着爸爸妈妈一起去！”

3 不一样的冬天

吕丽娜

小兔子很讨厌冬天，因为冬天冷得要命，还有，冬天里最好的朋友小熊要冬眠，不能和她在一起。

可是冬天说来就来了。这天，小兔子正给小熊念一个有趣的故事，忽然发现小熊一连打了五个哈欠。连打五个哈欠，这就说明，

小熊很快就要开始冬眠了。小兔子一下子变得垂头丧气，眼泪都快掉出来了。

“不要这样，亲爱的小兔子！”小熊笑嘻(xī)嘻地安慰她，“我保证，你将有一个不一样的冬天，既不会寒冷，也不会孤单，因为我已经为你准备好了一个超级大礼包。”

“超级大礼包？是什么？”小兔子非常好奇，她的心情变得好多了。

“别急嘛！”小熊露出了神秘的笑容，“到时候你就知道了。”

几天之后的一个清晨，第一片雪花悄悄降临，宣告了冬天的开始。小兔子刚从睡梦中醒来，就听到邮递员的敲门声。

邮递员送来了一个蓝色的长方形包裹(guǒ)。小兔子知道，这一定就是小熊寄给她的“超级大礼包”了。她迫(pò)不及待地打开包裹——

里面是一把小铲(chǎn)子，一把普普通通的红色小铲子。

小兔子觉得很失望，这算什么超级大礼包嘛！忽然，小兔子发现包裹里还有一张折起来的纸。她打开一看，竟然是一张藏宝地图！

这是小熊亲手画的森林藏宝地图。图上的许多地方都用闪光的符(fú)号做了标记，表示那里藏有宝贝。在地图的空白处，有小熊写的一段话：

亲爱的小兔子：

在冬天开始之前，我在图上的许多地方埋下了各种宝贝哟，足够你挖上一个冬天！

快点开始挖宝吧！

小熊

把藏宝图装进背包，把红铲子扛(káng)上肩膀，属于小兔子的不一样的冬天开始了！

小兔子挖出了一顶暖和的红帽子和一副红手套。

小兔子挖出了一个红艳艳的大苹果。

小兔子挖出了一张卡片，上面写着小熊喜欢小兔子的十个理由。

小兔子挖出了一串用漂亮的彩色果子做成的项链。

小兔子挖出了一幅画，画上有一只小熊和一只小兔子，一起坐在蒲公英花田里。

小兔子挖出了一个亮闪闪的大贝壳。

……………

这的确是个不一样的冬天呢！四处挖宝让小兔子变得十分强壮，身上总是热乎乎的。因为每一天都有新的惊喜和期待，她的心里也总是热乎乎的。还有，每当她奋力挖宝的时候，总是会想起好朋友小熊，想起他怎样笑嘻嘻地这里那里地为自己埋下这么多宝贝。每当这时候，她就会感到春天般的温暖。

正如亲爱的小熊所说，这个冬天没有寒冷，也没有孤单。

阅读实践

活动一

寻宝活动：阅读文章时，你发现有哪些不理解的词语呢？请在文中圈出来并读一读，然后在寻宝图中写下来。

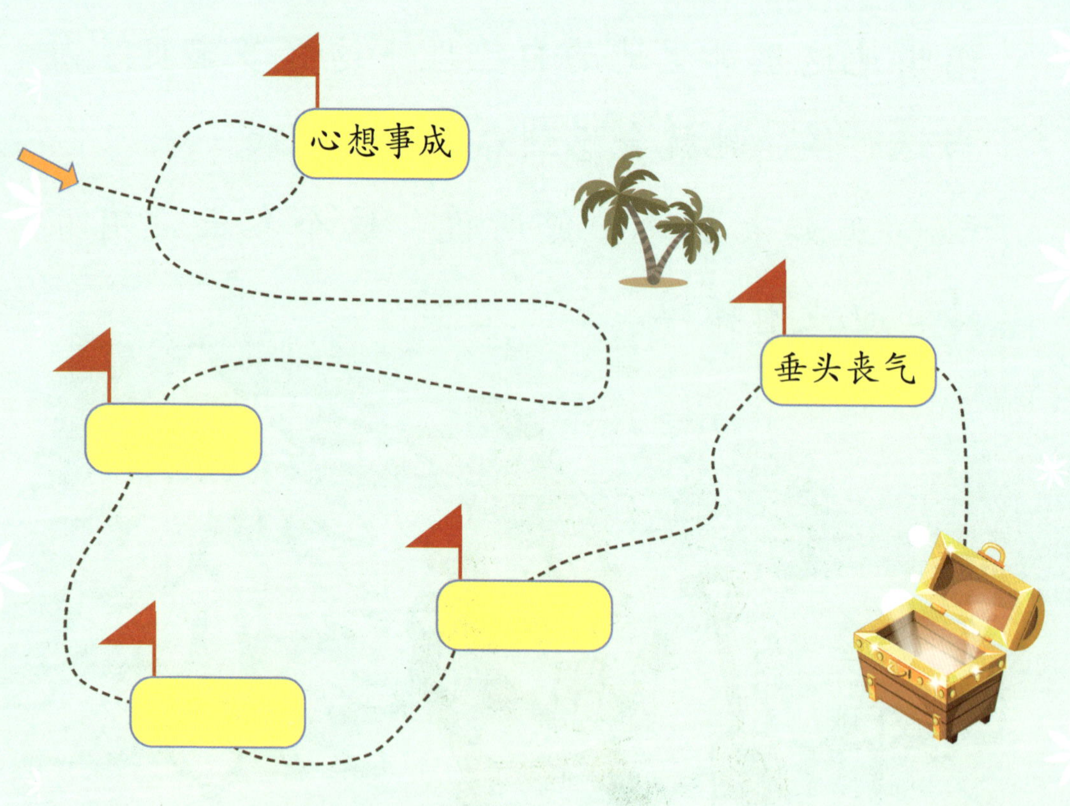

活动二

请你猜猜活动一中找出的难懂词语的意思，把你用到的猜词语意思的方法用线连一连。

借助字形结构

结合语境

借助图片

联系生活实际

借助近义词

活动三

读句子想画面，选一个喜欢的句子，把它画下来。

《最后一片银杏树叶》

有了泪水的滋润，银杏树奇迹般地复苏了，又抽出了一片片嫩绿的叶子。

《两只棉手套》

风，越刮越猛；雪，越下越紧。五只小松鼠依偎着妈妈还喊冷。

《不一样的冬天》

小兔子挖出了一串用漂亮的彩色果子做成的项链。

1 五颗蜜蜜甜的葡萄

张秋生

三只小松鼠在葡萄藤（téng）上发现了夏天留下来的最后一串葡萄。这串葡萄上，一共有整整二十颗葡萄。

小松鼠们围着这串葡萄，做了一道算术题：他们三个，再加上妈妈，一共是四个，分二十颗葡萄。

“每人五颗！”小松鼠们乐得一起喊起来。

一只小松鼠上前取走了五颗还很青的葡萄，他说：“我吃了酸葡萄，妈妈就能吃上甜葡萄了！”

又一只小松鼠上前取走了五颗比较小的葡萄，他说：“我吃了小葡萄，妈妈就能吃上大葡萄了！”

另一只小松鼠上前取走了五颗有点儿破的葡萄，他说："我吃了碎葡萄，妈妈就能吃上好葡萄了！"

这样，三只小松鼠给他们的妈妈送上五颗最熟、最大、最好的甜葡萄，是一咬一口蜜汁的甜葡萄。

吃着五颗最熟、最大、最好的甜葡萄，妈妈说……

②小熊的意外收获

庞　硕

冬天到了，小熊用蜂蜜和面粉做了好多美味的蜂蜜饼干。饼干上还点缀(zhuì)了草莓干和葡萄干，真是又香甜又好看。

小熊舍不得吃掉这些饼干，他给饼干包上了精美的糖纸，放在了一个小篮子里。小熊想卖掉这些饼干，然后买一本童话书。拥有一

本童话书可是藏在他心里好久好久的愿望。

小熊提起篮子，刚走出家门，就看到了一只瘦弱的小老鼠。

“小老鼠，买几块蜂蜜饼干尝尝吧！味道可香甜了！”小熊热情地招呼起来。

小老鼠身上的衣服又脏又破，他咽(yàn)了咽口水说：“我是一只流浪的老鼠，身无分文，已经两天两夜没吃东西了。”

小熊看着瘦弱的小老鼠，从篮子里拿出两块蜂蜜饼干，递到了他手里。

小老鼠的眼圈红红的，感激地说：“谢谢你，善良的小熊，你会有好运的。”说完，小老鼠拄着拐杖离开了。

小熊来到一棵大榕树下，继续等待着买饼干的人。“呜呜呜，呜呜呜……”树林里忽然传来了一阵哭声。小熊走进树林，看到地上散落着好多剥(bāo)好的松子，小松鼠正一边

捡松子，一边哭鼻子。

“小松鼠，你怎么了？”小熊关心地问。

“我的妈妈生病了，我给她剥了好多好多松子，可一不小心，全撒到地上了。”小松鼠委屈地说。

小熊安慰小松鼠说：“别哭了，请你的妈妈尝尝蜂蜜饼干吧，她很快就会好起来的。”

小松鼠接过小熊递来的两块饼干，感激地说：“谢谢你，善良的小熊，你会有好运的。”

说完，小松鼠捧着蜂蜜饼干回家了。

“哎呀，我是来卖饼干的，怎么把饼干都送出去了呢？”小熊看看篮子，心里暗暗发誓(shì)，一定要将剩下的饼干都卖出去。

小熊来到了森林服装店门口，看到神色焦(jiāo)急的兔子奶奶。

“兔子奶奶，买几块蜂蜜饼干尝尝吧！”小熊主动走了过去。

“唉，奶奶忘记带钱了，别说饼干，想买副手套也买不成了！”兔子奶奶懊(ào)恼地说。

小熊看了看兔子奶奶冻红的手，提着篮子走进了服装店。出来的时候，篮子里剩下的饼干全都不见了，只有一副厚厚的手套躺在篮子里。

小熊把手套递给兔子奶奶：“我用饼干换了副手套，天气这么冷，您赶紧戴上吧。”

兔子奶奶吃惊地看着小熊，感激地说：“谢谢你，善良的小熊，你会有好运的。”

小熊提着空空的篮子回家了。第二天，小熊还没睡醒，猴子快递员就给他送来了一个精美的快递盒。

漂亮的盒子里放着一本厚厚的童话书，书的扉(fēi)页上写着：“送给善良的小熊！你的爱心像童话般美好！”而童话书的作者，竟然是兔子奶奶！

3 花　店

戚万凯

花儿不放假，
笑着吐芬芳；
蜜蜂不放假，
嗡嗡采蜜忙；
妈妈不放假，
花店忙施肥；
爸爸不放假，
送货万家香。
我也不放假，
店里来帮忙，
忙完捧本书，
花香伴书香。

放假时，你会帮家长做哪些事呢？

4 收被子

范永昭

雷公公，轰隆隆，
唤我快来做事情。
邻居奶奶耳朵聋(lóng)，
被子晒在院当中。
淋了被子可不行，
我的作业得等等。
小雨点，叮叮叮，
夸我像个小雷锋。

中华优秀传统文化

中华民族历史悠久，中华优秀传统文化博大精深，源远流长，世代相传。

让我们一起走进传统节日、汉字故事、家常美食……领略中华优秀传统文化的魅力。同时，学习运用多种方法识字。

1 中华颂

王欣欣

大中华，景如画，
九州广，扬天下。
泰山雄，华山险，
长白山，物种全。
黄山奇，庐山秀，
昆仑山，神话留。
黄河弯，长江阔，
大运河，南北过。
太湖美，西湖俏，
日月潭，群山抱。
山有名，水有灵，
山水依，中华情。

读完这首歌谣，
我又认识了很多字，
我要把它们圈出来。

2 我和我的祖国（节选）

王宜振

从妈妈的地球仪上，
我认识了我们的祖国。

祖国是长江，
祖国是黄河；
祖国是昆仑，
祖国是五岳；
祖国是东海的晨曦(xī)，
祖国是南湖的碧波；
祖国是长白山的松涛，
祖国是北国的瑞雪；
祖国是吐鲁番的葡萄，
祖国是海南岛的菠萝；

祖国是景德镇的瓷器，
祖国是西山上的红叶；
祖国是张衡的候风地动仪，
祖国是屈原、李白的诗歌；
祖国是大眼睛的布娃娃，
祖国是小时候的学步车；
祖国是上学去的石子路，
祖国是村小里的生字课。

可我要说，祖国是你，
可我要说，祖国是我；
祖国是十四亿人的一个大家庭，
祖国是中华民族所有儿女的集合……

3 拍手歌

马筑生

你拍一，我拍一，
除夕过了是初一。
你拍二，我拍二，
龙王抬头二月二。
你拍三，我拍三，
结伴游春三月三。
你拍四，我拍四，
清明踏青祭扫日。
你拍五，我拍五，
粽子龙船祭端午。

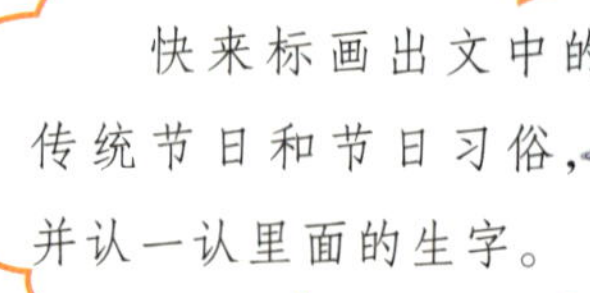

你拍六，我拍六，
翻晒衣服六月六。
你拍七，我拍七，
鹊桥相会七月七。
你拍八，我拍八，
中秋明月赏桂花。
你拍九，我拍九，
重阳登高九月九。
你拍十，我拍十，
chōng cí bā
舂 打糍粑蒸烤吃。

4 新年，是个淘气的娃娃

庞　硕

新年，
是个淘气的娃娃，
招呼着小雪花，
飘飘洒洒地落下。
呼唤着西北风，
吹出玻璃窗上的冰凌（líng）花。

听吧，
噼（pī）里啪啦的鞭炮，
是新年到来时的放声大笑。
瞧呀，
喜气洋洋的春联，
是新年送给千家万户的贺卡。

刚上桌的年夜饭

热气腾腾，

是新年最得意的礼物，

馋(chán)得小狗尾巴摇，

馋得小猫喵喵叫。

奶奶手里的红窗花

xǔ
栩栩如生，

被新年裹上了祝福的蜜，

大胖娃娃抱鲤鱼，

喜鹊枝头叫喳喳。

新年，

真是个淘气的娃娃。

他悄悄地，

把门前的大红“福”字

也贴倒啦。

诗歌中介绍了很多新年的习俗，圈一圈，认一认。

5 “玉”的演变

张　丽

甲骨文“玉”（ ）字像一根丝线穿起来四个玉片。金文“玉”（ ）字丝线没有出头，像个“王”字，其实不是“王”。“玉”作为部首，都写成“王”。带“王”的字，很多跟美玉珍宝有关，如珍珠、珊瑚、琥珀。

珍珠　　珊瑚　　琥珀

6 有趣的“舟”字

张　丽

当你看到𠂇这个图形时，你想到了什么呢？它是不是像一条小船？对，这就是甲骨文的“舟”字。“舟”就是“船”的意思。所以用“舟”做偏旁的字大多与船有关，比如下面这首诗中的“航、艘、舱、舷、舰”。

乘船远航

乘艘小船去远航，
物品多多满船舱。
手扶船舷望远方，
只见舰队正巡洋。

很多成语中都带有“舟”字，如“破釜沉舟”“同舟共济”“木已成舟”等。“破釜沉舟”“同舟共济”这两个成语还各有一个有趣的故事呢，快找来读一读吧！

7 卖月儿

贺维芳

我很怀念小时候过的每一个中秋节，难忘那种充满憧憬(chōng jǐng)的快乐，而那份快乐的源泉就是香甜的月饼和圆圆的月儿。

每年的中秋节前，娘总要买回两个月饼。看着那圆圆的大月饼，闻闻那醉(zuì)人的甜香，我心中充满了神往：盼望快到中秋，盼望分享(xiǎng)月饼的香甜。

当时，家里穷，娘除了到生产队上工，回家总有一大堆忙不完的家务活，顾不上为我蒸月儿。听小伙伴们炫耀(xuàn yào)自己的月儿，我心里就痒得难受，再三央告，娘才答应给我做月儿。

发了面，在娘的指点和帮助下，我按自己的心意揉出两个大小相同的面坯(pī)，中间夹一层精挑细选的通红的小枣，在圆而平整的面坯上面捏出桃、花、叶、鸟等各种图案，正圆心放上一颗最大最圆的红枣，月儿成型了。娘小心地把它放进锅里。我怀着热切的期盼，大把大把地往炉灶(zào)里添柴，看火苗在锅底跳跃，自己的心就像一头“嘣嘣”乱跳的小鹿：我亲手做的月儿蒸出来是什么样子？

好容易等到月儿出锅，那雪白的底子<ruby>衬<rt>chèn</rt></ruby>着粉红的花、嫩绿的叶、笑歪了嘴的桃子、黄<ruby>喙<rt>huì</rt></ruby>的小鸟、紫红的枣儿……我垂<ruby>涎<rt>xián</rt></ruby>欲滴，但我还能控制住自己——要等到月圆之时，“卖”过月儿之后才能吃。

一连几天，我一有空儿就跑到饭<ruby>橱<rt>chú</rt></ruby>前偷看。一边是月儿，一边是月饼。我想象着十五晚上的热闹甜美，常常在睡梦里笑出声来。

终于等到八月十五，夜幕还没有降临，我就把月儿放进娘亲手为我编织的精致的小草<ruby>垫<rt>diàn</rt></ruby>里，兴冲冲又小心<ruby>翼<rt>yì</rt></ruby>翼地往外跑，边跑边亮圆了嗓子喊：“卖月咪！一斗麦子一个咪——”

街上早就聚齐了全村的孩子，每个人手中都端着月儿大声地“叫卖”。买是自然没人买的，但招来很多围观的大人。大人们对每一个孩子的月儿都大大地夸赞一番，把欢喜和得意装满孩子们的心田。

孩子们在亮堂堂的月亮底下，端着盛月儿的小草垫，风风光光地在大街上转几圈，欢欢喜喜地跑回家，然后催促父母把月饼和月儿分割开，一手托一块月儿，另一手拿一角月饼，小小地咬上一口，细细地品味里面的翠绿、鲜红、晶莹、透明……嘴里、心里都溢满清香、甘甜，每个小心眼里都盛满了喜悦。

啊，那甜滋滋、香喷喷的月饼和月儿，我怎能忘记！

几十年过去了，到了儿子这一代人的童年，未进农历八月，月饼就铺天盖地而来。集市、超市的货摊和货架上到处都有月饼、月儿。自家买的，亲朋送的，每个孩子都有几个各式各样的月儿和成堆的月饼。

又快到中秋节了。我仿佛看到一群天真烂漫的孩子，捧着月儿，在皎(jiǎo)洁的月光中嬉戏欢笑，满世界响着一声声甜甜的童音：“卖月咪——”

8 家常美食

左秀丽

biān
干煸豆角

gé
辣炒花蛤

我能正确读出这些美食名称。

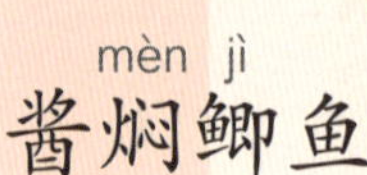

mèn jì
酱焖鲫鱼

清蒸小龙虾

我发现带有“灬”和“火”的字大多与“火”有关。

炸豆腐盒

水煮鱼

1 赶年兽

崔蕊霞

欢欢喜喜迎新年，
爷爷话说到从前。
东海东，南海南，
有头凶兽叫大年。
血盆大嘴铜铃眼，
青面獠(liáo)牙四爪尖。

海底沉睡整一年，
sì nüè
除夕肆虐到人间。
生吞猪羊活吃马，
捉个小孩当甜点，
人人听闻心胆寒。

这年又逢除夕关，
有位老翁到村前。
rán
仙风道骨飘飘髯，
鹤发童颜雪衣冠，
yǎn
俨然神仙降凡间。
他见众人惶惶然，
lǚ
轻捋胡须问端详。

闭门户，离家园，
拖儿带女去哪边？
diān
深山巅，密林间，
东躲西藏避大年。

老翁您也快快走，
跟随我们进深山，
莫让骨肉喂大年。
老翁听闻展笑颜，
莫惊慌，莫胆寒，
我有妙法驱大年。

红灯笼，挂门前，
桃符左右站两边。

穿红袄，点爆竹，
噼里啪啦响震天。
大年果然吓破胆，
从此逃得一溜(liù)烟，
再也不敢来世间。

一传十来百传千，
千家万户笑开颜。
放鞭炮，贴春联，
欢欢喜喜辞旧岁，
红红火火过大年。

2 大红灯笼

李宏声

元宵(xiāo)节，煮元宵，
挂起圆圆的
大红灯笼啊，
噼噼啪啪放鞭炮！

我站在院子中央，
仰脖往上瞧。
看着亮亮的大红灯笼啊，
我的目光向它问候过节好！

你看呀，
大红灯笼正在看着我们，
露出了
红火火的微笑！

圈出元宵节的习俗，读一读，认一认。

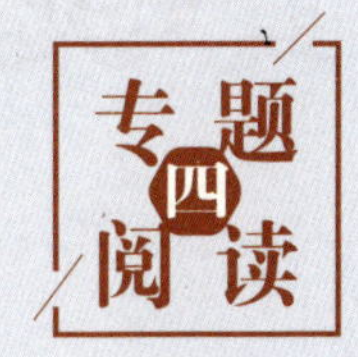

我的童年

同调皮活泼的小鱼小虾玩耍，与机灵可爱的小鸟交朋友，和蹦蹦跳跳的蚱蜢交谈，做一个长长的、美美的梦……我的童年充满乐趣，充满想象。

快来读一读这组描写童年的文章，把自己喜欢的词语和句子积累下来吧！在以后的写话中可以尝试运用。

1 梦

安武林

梦是一粒蒲公英的种子吗？
明明花儿开在地上，
小伞却飘向了远方，
我怎么也藏不到伞下。

梦是一朵飞舞的雪花吗？
明明在空中飘扬，
一会儿又落在了地上，
我怎么也抓不在手中。

梦是一只萤火虫吗？
明明在夜晚挑着灯笼，
白天在河边的草丛却不见踪影，
我怎么也借不到它的光亮。

梦是老鼠啮(niè)咬木头的声音，
让我胆战心惊。
但我醒来看见的却是
妈妈的眼睛。

一个梦又一个梦，
像太阳和月亮的移动。
童年就是一条梦的河流，
妈妈的爱就是温暖的河床。

2 童年的芦苇塘

李宏声

如果你想知道我的童年到底是什么样的，
那么请你到乡村的芦苇塘。
春夏秋冬的大舞台，
总在上演我的快乐与希望。

光腚（dìng）的泥鳅（qiū）和小青蛙，
调皮活泼的小鱼和小虾，
长脖子的苍鹭（lù）和野鸭，
都会和我一起快乐地玩耍。

绿了黄了，
割了长了。
又绿了，
一茬（chá）又一茬。

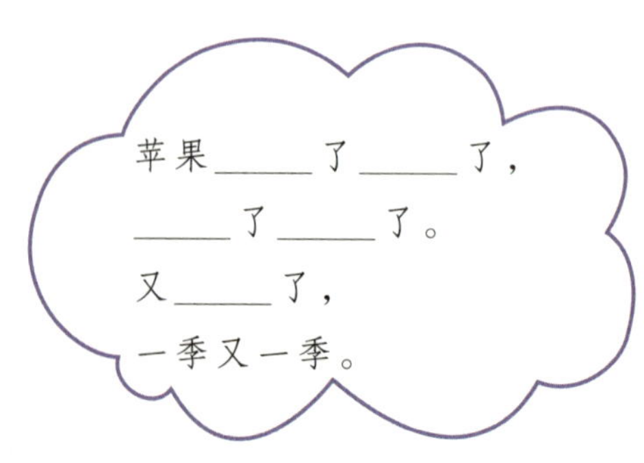

这些经历，
我想了又想。
当我懂了的时候，
我感觉自己已经长大。

童年的芦苇塘啊，
你是一个
永远长不大的
立体童话。

妞妞和小鸟

刘丙钧

窗外，有一棵大树，树上住着小鸟一家。树旁，有一座房子，房子里住着妞妞一家。

每天早上，小鸟唱起歌来，妞妞在小鸟的歌声里起床。

每天晚上，妞妞向小鸟说完再见，才肯躺在自己的小床上睡觉。

这天夜里，刮大风啦，下大雨啦！妞妞望着黑黑的窗外，担心地问妈妈：“小鸟不会被淋病吧？”

爸爸拍拍妞妞的头说：“明天，咱们给小鸟做一个小房子。”

叮叮当当，爸爸用木板钉起了一个小房子，妞妞也在爸爸身边忙前忙后。

妈妈用细细的草在小房子里铺成一张软软的小床，妞妞把自己的花手帕铺在了小床上。

爸爸把小房子挂在树上，小鸟一家围着小房子，叽叽喳喳地叫起来，叫得好开心。

小鸟围着小房子在叽叽喳喳地说……

晚上，妞妞做了一个梦，梦见小鸟在软软的小床上睡得好香好香。爸爸妈妈看到睡得好香好香的妞妞在梦里还笑呢！

4 鸟儿翻译家

王宜振

大森林并不寂寞可怕，
那里生活着许多鸟娃娃，
叽叽喳喳，叽叽喳喳，
那是鸟儿在同我们讲话。

讲了半天，我们谁也听不懂，
大伙儿急得直拍自己的脑瓜。
我们多想同鸟儿交个朋友，
可美好的愿望该怎样表达？

如果鸟儿们有自己的学校，
请一定收下我这个娃娃。
我要在那儿学习它们的语言，
好做一个鸟儿的翻译家！

5 被子里的历险

张秋生

兔大大和兔小小是哥儿俩。

兔大大和兔小小碰在一起就要吵架。不是兔大大叫，就是兔小小哭，吵得兔妈妈捂起耳朵。

一天清晨，兔妈妈起身去办一件急事。她叫兔大大和兔小小分两头睡，心想，这样他们也许就不会吵架了。

兔妈妈一走，兔大大就在被窝里狠狠踢了兔小小一脚；兔小小在被窝里放了个屁，说是要熏死兔大大。

他们越吵越激烈。

后来哥儿俩说：“咱们来打地道战吧！”于是，他们掉转身子往被子里钻过去，想偷袭对方。他们在黑黑的被洞里钻了好久，彼此还没碰着。

突然，在黑洞洞的被窝里，哥儿俩碰到了。他们看见不远处，有两点绿莹莹的光。啊，那不是恶狼的眼睛吗？真是的，不但能看见狼的眼睛，还能看到狼一扇一扇的鼻子和满嘴的

我能用上“黑洞洞”“绿莹莹”等词语编个故事讲给同桌听。

大尖牙……

他们想叫，叫不出声音来；

他们想跑，迈不开双腿来。

兔大大抱着兔小小说："弟弟，我来保护你，你快跑吧！"

兔小小推着兔大大说："哥哥，你先跑吧，妈见不到你会想你的！"

哥儿俩说着，搂在一起哭了。哭啊哭啊，都醒了。

原来他们钻到被子中间时，都累了，就抱在一起睡着了，还做了一个同样可怕的梦。

兔妈妈办完事回家了，她先在门外听哥儿俩有没有吵闹。

她推开门一瞧，兔大大和兔小小躺在一头，正在亲热地说着悄悄话呢……

6 小松鼠买梦

冰 波

有一天，小松鼠独自待在松树上，东张西望，忙着采松子。

一只小红鸟飞来了，很高兴地对小松鼠说：“小松鼠，告诉你吧，我昨天晚上做了一个梦，梦见和一只好漂亮的大蝴蝶一起玩呢！”

小松鼠眨眨眼睛，心想：哟，这可真好！

小红鸟飞走了。小黄鸟又飞来了，对小松鼠说：“小松鼠，告诉你吧，我昨天晚上做了一个梦，梦见一朵孔雀花，美极了。”

小松鼠又眨眨眼睛，心想：哟，这可真好！

小黄鸟说完，就飞走了。

小松鼠想：呀，做梦真美。今天晚上，

我也要做一个梦。

到了晚上，他早早躺在床上，闭上眼睛，等着梦来。小松鼠等啊等啊，慢慢睡着了。

可是他没有做梦。

小松鼠一觉醒来，闭着眼睛想了想：咦？我什么梦也没有做呀。他很不高兴。

突然，小松鼠想到一个好主意：“对了，

我去买一个梦吧。”

他拿了一分钱，买梦去了。

小松鼠走到大湖边，看到红鲤鱼在水里游。他对红鲤鱼说：“红鲤鱼，红鲤鱼，我想买一个梦，你有吗？”

红鲤鱼说：“我不卖梦。”说完，红鲤鱼游走了。她那红红的尾巴，在绿绿的湖水里，一甩，一甩。

这时候，一只白天鹅落到了水面上。小松鼠对白天鹅说：“白天鹅，白天鹅，我想买个梦，你有吗？”

白天鹅说：“我不卖梦。”说完，白天鹅扑扇着翅膀向天上飞去。她那雪白的大翅膀，在蓝蓝的天空里，一扇，一扇。

小松鼠又到树林里，看到小白兔在树林里荡秋千。

小松鼠大声说：“小白兔，小白兔，我想买一个梦，你有吗？”

小白兔说：“我的梦怎么能卖给你呢？”说完，又荡起秋千来。她荡啊，荡啊，好像一朵白云在飘。

小松鼠买不到梦，难过地回家去了。

天黑了，他想：我没有买到梦，今天晚上肯定也不会做梦了。

夜里真静，小松鼠轻轻呼吸着，一下子

睡着了。

小松鼠开始做梦了。

他做了一个大湖的梦。在梦里，他和红鲤鱼一起在湖中游来游去，一起做游戏。

接着，他又做了一个飞的梦。在梦里，白天鹅背着他，在蓝天上飞，越过湖水，越过高山，飞到了很远很远的地方。

我能以“我做了一个大湖的梦”为开头，用上“湖水”“高山”“很远很远”等词语及不同的小动物编个故事。

他还做了一个荡秋千的梦。在梦里，他和小白兔坐在秋千上，荡啊荡啊，荡到云朵里去了……

天亮时，他眨着眼睛，想着自己做过的梦。

“原来，我会做这么多好玩的梦啊！”小松鼠高兴极了。

可是，他还有点不明白：以前我不会做梦，为什么现在会做了呢？

7 我是蚱蜢

王一梅

冬天快到的时候，我拿了一个玻璃瓶到附近的公园去捉蚱蜢。我喜欢把蚱蜢放在瓶子里，然后看蚱蜢跳高。

我撅(juē)着屁股捉蚱蜢的时候，突然听见一个很细小的声音：“在瓶子里跳高，一点儿也不好玩儿。”

天哪，这是什么声音啊！“是谁在说话？”我问。

“是我们，你不是要来捉我们吗？”这声音从草丛中传来，是蚱蜢通过摩擦翅膀发出的，和我们人类的声音不一样。“如果你也是一只蚱蜢，你就会知道，待在瓶子里一点儿也不好玩儿。”蚱蜢的声音继续传进我的耳朵里。

为什么我可以听见蚱蜢的声音？

我还不知道，那是因为我马上就要变成一只蚱蜢了。

真的，我成了一只绿色的蚱蜢，就像蚂蚁能破解蚂蚁触须的密码，蜜蜂能看懂蜜蜂跳的“8”字舞，我这只绿蚱蜢马上就找到了说话的灰蚱蜢，并且听懂了他用翅膀说的话。

“你好，你是新来的蚱蜢吗？我在这里没有见过你。”灰蚱蜢对我说。

“那你呢？你在这里很久了？”我突然觉得这只灰蚱蜢有些眼熟。

“不长时间，我是夏天来的。你知道吗？我从很远的地方来。”灰蚱蜢说。

“多远？”我问。

“不知道。”灰蚱蜢有些不高兴地回答。

“自己从哪儿来的都不知道？”我觉得这只蚱蜢一定是个糊涂虫。

“真的不知道。我原来是住在海边的草地里的，夏天的时候，一个孩子捉住了我，就把我带到了这里。”

啊，夏天的时候，我曾经到海边去过，曾经捉过一只灰蚱蜢，我把灰蚱蜢从海边一直带到了这里，直到妈妈让我放了可怜的蚱蜢。

“我真不明白，那个孩子在海边不捡贝壳，捉蚱蜢干吗？唉，海边的草丛里还有我的家人。”

我的脸红了，我真怕灰蚱蜢认出我来。但是，灰蚱蜢根本就没有发现这个秘密，他仍然很热情地对我说：“明天要下雪了，你是新来的，一定没地方过冬吧。”

“下雪？过冬？”我很好奇。

“是啊，赶快找一个地方过冬吧，这里朝南，比较温暖。”

我看了看周围。啊，这里的瓦片下面住着蟋蟀（xī shuài）一家，石头下面住着西瓜虫一家，草

丛里还住着瓢虫一家。

“都住满了。这样吧，你可以到我家，要知道，我是个快乐的单身汉。”灰蚱蜢说这句话的时候并不快乐，但是对我的邀请是真诚的。

“你看，这里就是我的家。”灰蚱蜢的家在一丛有刺的野蔷薇(qiáng wēi)花下面。

“这里真安全，即使有人发现了，也不愿意冒着被刺的危险来捉你的。”我对灰蚱蜢说。

我没有去灰蚱蜢的家，我不会再去惊动灰蚱蜢的新家了。和灰蚱蜢告别以后，我变回了原来的样子，我决定扔掉那个捉蚱蜢的瓶子，永远地扔掉。

回到家中，爸爸、妈妈正在等我。啊，一家人在一起多好啊！电视里正在播放天气预报，我听见播音员说明天下雪……

8 我是蜘蛛

王一梅

夏天的时候，我很热。妈妈说：“开空调吧。”

“不！”我不喜欢住在空调房间里，就像住在大冰箱里，一点儿也不透气。

我想自己最好还是做一只蜘蛛吧！当然不是屋子里和屋檐下的蜘蛛，而必须是一只挂在树底下的蜘蛛。我打算用一根长长的丝挂住身体，像个葫芦一样在风里晃啊晃啊。

我对妈妈说：“我想吃糨（jiàng）糊。”

“糨糊？”妈妈好奇

地问。

“对，这样我就可以吐出有黏(nián)性的丝了。”我吃了三天糨糊，真的就变成了一只蜘蛛，一只大肚皮的黑蜘蛛。

我用吐出来的丝做成八角形的网。我呢，趴在网的中间，像睡在一张大大的吊床上。

妈妈看见了说：“嘿！能送我一张网吗？”

“你要蜘蛛网做什么？”我好奇地问妈妈。

“没看见我们家纱窗坏了一块吗？”妈妈说。

这是老鼠干的坏事，老鼠闻到我吃的巧克力的香味，馋极了，就咬破我们家的纱窗溜了进来。老鼠想来就来，想走就走，妈妈也拿他们没办法。

我送了好几张网给妈妈，补好那个洞洞。老鼠不知道有一张网在等着他们，到了晚上，糊里糊涂撞了上来。

第二天，妈妈发现我的网粘住了三根老鼠毛。

爸爸知道了，也向我要一张网。爸爸是个捉鱼迷，他说要把蛛网做成渔网，那样，只要鱼儿碰到渔网，不一定非游进来就可以抓住了。爸爸用这张渔网，网到了我们家鱼缸里的鱼。

我织的网都特别结实，凡是飞过的昆虫

全都一头撞在网上，别想再飞掉。听！“嗡嗡嗡”，一只虫子像没事一样哼哼着歌飞了过来，一头撞上蛛网。我马上跑过去，用丝捆住他的脚和翅膀。哈！我的收获还不错，我网到的是一只红头苍蝇，一个浑身沾满细菌的家伙。

他凶巴巴地大叫着：“放开我！放开我！我又没惹你！”

我说：“别赖了，你不认识我，我可认识你。昨天你咬了我的面包，还舔了我的冰激凌。”

红头苍蝇盯着我看了老半天，这个长着复眼的家伙终于认出了我，马上做出一副可怜的样子，说：“你想怎么对付我呢？昨天我吃了你的面包，你一定也会吃了我吧？”

我可不要吃苍蝇。可是我真的不知该怎么对付它。

这时候，我的网又粘住了一只蜻蜓，蜻蜓紧张极了，拼命地挣扎。

“别怕，小蜻蜓，我是一只专网害虫的蜘蛛。”我轻轻地把蜻蜓放了，顺带把那只红头苍蝇送给蜻蜓做了晚餐。

我在家的前前后后、左左右右的窗户上全都织了蛛网，爸爸、妈妈起先挺喜欢，说：“我们家好像变成了盘丝洞。”可是，很快他们就发愁了，因为爸爸、妈妈全被网在了屋子里。妈妈拿着剪刀剪了整整几个小时才剪出一个洞洞，刚好够爸爸、妈妈爬出去上班。那天，妈妈迟到了，她对领导说：“我家被蛛网包围了，所以上班迟到了。”可是，领导不相信，扣了妈妈的奖金。

秋天快到的时候，我又变回了自己，不过，我织的那些网到现在还有一些，它们实在是太结实了。

1 我把那只蓝蜻蜓放了

关登瀛

妈妈，我把那只蓝蜻蜓放了，
是我听到你的脚步声后放的。
它一定也想它的妈妈了，
要不，怎么会一下子蹿(cuān)进蓝天里！

妈妈，你把我一个人留在家里，
我是多么寂寞，
我多么想有个小伙伴，
陪我一起做游戏。

一行大雁从蓝天里飞过，
留给我一行透明的诗句；
两只黄鹂在柳枝上鸣啼，
给我送来动听的歌曲；
一只蓝蜻蜓在篱(lí)笆上歇息，
我轻轻捏住它的双翼。
我用细线拴(shuān)住它的腿，
和它嬉戏——在院子里。
它给我这么多快乐，
使我把一切全忘记。

妈妈，我把那只蓝蜻蜓放了，
是你给我带来爱和欢乐以后放的。
妈妈，我从蓝蜻蜓身上得到的，
正是它身上失去的。
它也有亲爱的妈妈呀，
它也有温暖的家呀，

万一它也是个年轻的妈妈，
它一定会把爱和快乐
带给它家的小娃娃。
说不定，它还要
抓几只小虫带回家。

妈妈，我把那只蓝蜻蜓放了，
它一定回到了自己的家。
如果它的腿上留下了伤，
唉，那是我把痛苦带给了它。

放飞蜻蜓，给予它自由，这是我们应该做的。

2 小鸟音符

柯 岩

小鸟，小鸟，
你们为什么
不坐在高高的树梢？

小鸟，小鸟，
你们为什么
在电线上来回跳跃？

明白了，明白了，

你们错把

电线当成五线谱(pǔ)了。

小鸟音符，

啊，音符小鸟——

多么美丽的曲调……

3 我的小羊

金本

我的小羊，
你在哪里？
见不到你的踪影，
我心里多么着急。

zhān
毡房前没有你，
毡房后没有你，
羊栏内没有你，
羊栏外没有你。

一阵风儿吹来，
牧草匍(pú)匐(fú)在地。
两只犄(jī)角露了出来，
啊，原来你藏在这里！

小羊，你可真淘气，
可我一点儿也不生气。
快快跑过来吧，
一个紧紧的拥抱给你！

4 老树的故事

柯岩

老树，老树，
你怎么这么大！
你活够一百岁了吗？

有多少鸟儿
在你身上安过家，
和你谈过话？

它们是从哪儿来的，
唱的都是什么歌呢？
这些身穿礼服的音乐家！

老树，老树，
告诉我吧，告诉我——
所有的故事和童话……

《书本里的蚂蚁》

王 一 梅

推荐语

《书本里的蚂蚁》是著名儿童文学作家王一梅的一本短篇童话集，曾获中国作家协会第五届全国优秀儿童文学奖。

趴在花蕊里睡觉的黑蚂蚁，和花儿一起被夹进了书里……

打算砍掉七棵树的蓝狐狸，收起锯子、斧子、绳子、铲子和刨子……

孤独的狮子卡卡，在魔法师咕哩咕的帮助下，去寻找自己的好朋友了吗？

…………

书中的一个个童话故事，真是既神奇又有趣。让我们一起读一读《书本里的蚂蚁》，感受一下吧！

作者简介

王一梅，一级作家，江苏省苏州市作家协会副主席，就职于苏州市职业大学儿童文学研究所。

出版图书有童话和小说《鼹鼠的月亮河》《木偶的森林》《合欢街》等，其中《胡萝卜先生的长胡子》入选三年级上册《语文》教科书。

作品获第十届中宣部精神文明建设“五个一工程”奖、第五届全国优秀儿童文学奖、第六届全国优秀儿童文学奖、第五届国家图书奖等奖项。

内容梗概

本书由《书本里的蚂蚁》《蓝狐狸的七棵树》《猫的早餐》《兔子的胡萝卜》《给乌鸦的罚单》《狮子卡卡》等多篇童话故事组成。

每个童话故事都塑造了许多栩栩如生的人物形象。《书本里的蚂蚁》中，一只被书夹扁了的小蚂蚁带领着书中的文字，组成了一个个变幻无穷的故事；《蓝狐狸的七棵树》中，蓝狐狸因为鸟粪想砍掉爷爷留下的七棵树，却因为鸟儿美丽的羽毛和动听的歌声放弃了砍树；《猫的早餐》中的小猫，凭自己的勤劳和本领，获取早餐；《兔子的胡萝卜》中，从兔子毫不犹豫地贡献出胡萝卜，到小鸟把胡萝卜种到地里，然后把胡萝卜苗托付给兔子，组成了爱之链；《给乌鸦的罚单》中的乌鸦为了讲信用，在树洞里留下了罚款……

这是一个个充满快乐与温馨、关爱与奇迹、奉献与宽容的故事。

蓝狐狸家附近有一排树，笔直笔直的，像宝塔一样高高地站成一排。树干上标着数字：1、2、3、4、5、6、7，七棵树上有七个鸟窝，住着一群鸟。

每次蓝狐狸从树下经过的时候，都会有鸟粪落到他头上。蓝狐狸总是要憋足了劲儿，像过封锁线一样冲过这七棵树。

这七棵树站在这里真麻烦。蓝狐狸想查一下树的来历，如果不是山上的老虎（他怕老虎）或者村里的人们（人们有不准砍树的规定）种的，蓝狐狸就决定砍了这七棵树。

结果，树的来历让蓝狐狸很吃惊，这些树居然是蓝狐狸的爷爷种下的。

“也就是说，这七棵盛产鸟粪的树是我的？”蓝狐狸远远地望着这七棵树，不相信地问自己。

“是的，这是蓝狐狸家的树。”蓝狐狸决定砍树。

他想用这七棵树造一间木头房子，里面摆上木床、木桌、木椅……哦，那一定是温暖的、充满了树木清香的房子。

蓝狐狸越想越快乐，他取出锯子、斧子、绳子、铲子、刨子……

七棵树上的鸟儿们慌张地叫着，他们在这里出生，学会飞翔，长成大鸟，又生出鸟宝宝……

所以，蓝狐狸来的时候，他们一齐用鸟粪攻击他：“谁要破坏我们的家，谁就会是这样的下场！”

“这是我的树。”蓝狐狸辩解说，“你们这些不讲卫生、不讲理的鸟！等着，明天我还会来的！”

第二天，蓝狐狸又取出锯子、斧子、绳子、铲子、刨子……当然，为了抵御鸟粪，他戴上了帽子，穿上了袍子。

蓝狐狸来到树下，这次有些奇怪，他没有听见鸟叫。

安静——

安静得只能听见风吹树叶的声音。

蓝狐狸拿出锯子，嘴里嘀咕着：“要

锯倒这些树可不是一件容易的事。呵呵，如果锯不倒，就要用斧子砍；呵呵，如果砍不倒，还要用绳子拉；呵呵，树根还要用铲子挖出来；呵呵，树的节疤要用刨子刨平。呵呵。”

“呜——呜——都是因为我，我把鸟粪拉在蓝狐狸的头上，害得大家的家要没有了。”树上传来小鸟的哭声。

“是谁在哭？”蓝狐狸抬头看。

一根细小的鸟的羽毛从树叶缝隙间盘旋着落下来。阳光照射着这根羽毛，羽毛是黑色的，柔软而美丽。正在哭的是一只美丽的黑色小鸟，她站在绿色的树叶间，像一个黑色的音符。

蓝狐狸突然想：为什么我想到这七棵树就只想到鸟粪？我怎么从来没有想过美丽的羽毛和欢乐的鸟叫呢？

他突然不想要温暖、充满树木清香的木头房子了，他收起锯子、斧子、绳子、铲子和刨子，然后憋足了劲儿，像过封锁线一样冲过这七棵树。

他回头望着这七棵树，心中默默地数着：1、2、3、4、5、6、7。蓝狐狸想：这些树是爷爷留下的，但不只是留给我的。

（选自王一梅《蓝狐狸的七棵树》）

一本书的目录会告诉我们，书里主要写了什么，要读的内容从哪一页开始。所以在阅读之前，我们要学会看目录。

让我们来猜一猜目录中每个故事的内容，还可以和你的同桌交流一下。

活动一：天天读——我的阅读计划

日期	故事	阅读评价	我最想说的话
___月___日	《书本里的蚂蚁》 《兔子的胡萝卜》	☆☆☆	
___月___日	《我是一棵树》 《蔷薇别墅的老鼠》	☆☆☆	
___月___日	《大头鱼在雨天和晴天》 《第十二只枯叶蝶》	☆☆☆	
___月___日	《阿虎的名片》 《小丑洛卡》	☆☆☆	
___月___日	《有爱心的小蓝鸟》 《我是一条鱼》	☆☆☆	
___月___日	《木头城的歌声》 《猫的演说》	☆☆☆	

每天完成阅读计划，就能得到三颗星啦，加油哟！

活动二：分享喜欢的故事

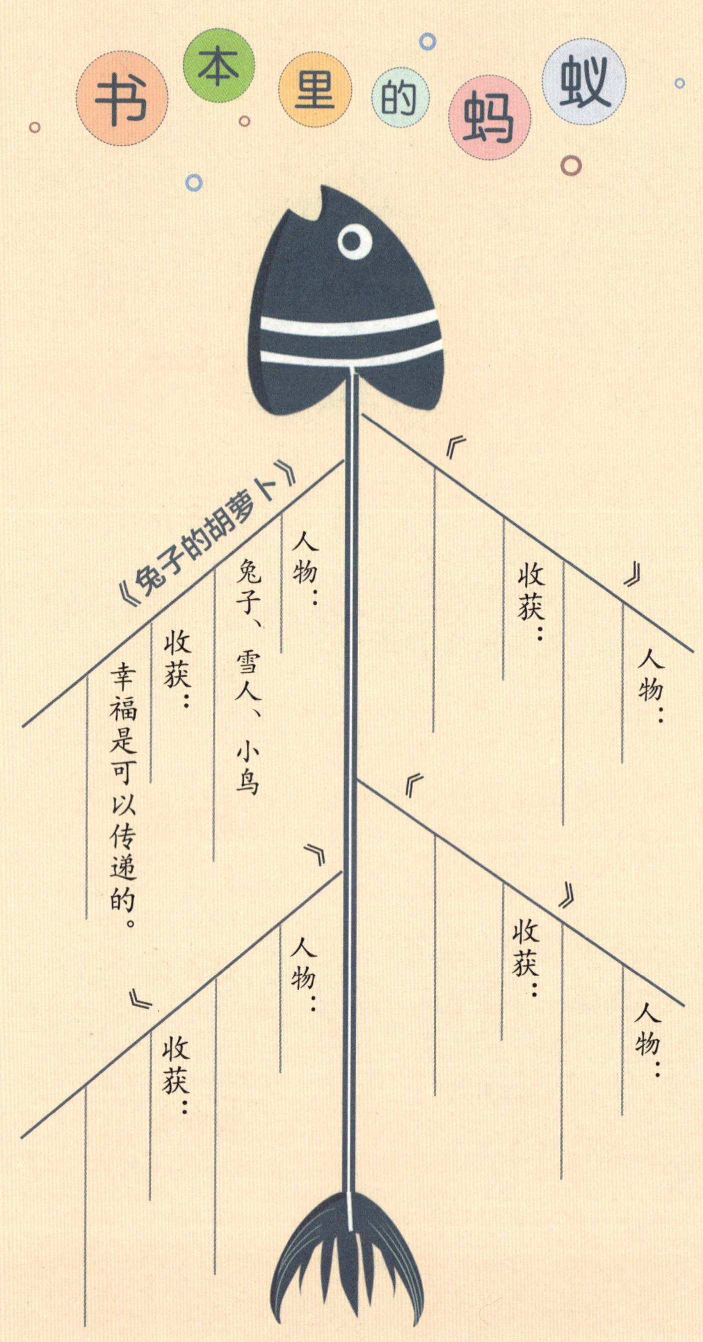

敬　启

为编好这本书，我们与收入本书作品（含图片）的作者进行了广泛联系，得到了各位作者的大力支持。在此，我们表示衷心的感谢。但是，由于个别作者地址不详，虽经多方努力，仍无法取得联系。敬请各位有著作权的作者尽快与我们联系，以便我们支付稿酬，并致谢忱！

我们还要感谢使用本书的师生们。希望你们在使用本书的过程中，能够及时把意见和建议反馈给我们，对此，我们深表谢意，并将给予一定奖励。让我们携起手来，共同完成本书的建设工作。

联 系 人：梁老师　刘老师

联系电话：010-58022100-6362

联系邮箱：ztxx2008@sina.com

网　　址：http://www.ywztxx.com

地　　址：北京市海淀区知春路7号致真大厦A座18层

图书在版编目（CIP）数据

彩色的梦 / 李香菊主编. — 上海 : 上海教育出版社, 2021.12

ISBN 978-7-5720-0806-1

Ⅰ. ①彩… Ⅱ. ①李… Ⅲ. ①阅读课－小学－教学参考资料 Ⅳ. ①G624.233

中国版本图书馆CIP数据核字（2021）第260864号

责任编辑　顾　翊
封面设计　陈丽娟　王艺霖
著作权人　北京华樾教育科技有限公司

彩色的梦

李香菊　主编

出版发行　上海教育出版社有限公司
官　　网　www.seph.com.cn
地　　址　上海市闵行区号景路159弄C座
邮　　编　201101
印　　刷　肥城新华印刷有限公司
开　　本　720×1010　1/16　印张 20
字　　数　200千字
版　　次　2021年12月第1版
印　　次　2021年12月第1次印刷
书　　号　ISBN 978-7-5720-0806-1/G·0622
定　　价　118.00元（全二册）

如发现质量问题，请向本社调换　　021-64373213